CAÏN,

OU

LE PREMIER CRIME,

Pantomime en trois Actes, imitée du poëme de GESSNER,

Par M. FRANCONI jeune,

Mise en scène par le Même;

Musique arrangée et composée par M. GAUTROT, Chef d'orchestre du Cirque Olympique;

Divertissement de la 2ᵉ. Action du Songe, par M. JACQUINET;

Décors par MM. BLANCHARD et JUSTIN LEYS;

Machines par MM. PANEL père et fils;

Représentée, pour la première fois, à Paris, sur le théâtre du Cirque Olympique, le 26 Juin 1817.

A PARIS,

Chez FAGES, Libraire, au Magasin de Pièces de Théâtre, boulevard St.-Martin, n°. 29, vis-à-vis la rue de Lancry.

De l'Imprimerie de HOCQUET, rue du Faubourg Montmartre, n°. 4.

1817.

PERSONNAGES. ACTEURS.

ADAM. . . . . M. *Bithmer.*
EVE . . . . Mlle. *Tigée.*
CAÏN, leur fils aîné . . . . . M. *Franconi j^e.*
MEHALA, son épouse. . . . Mme. *Franconi*
Leurs deux Enfants. . . . . MM. *A. Franconi*
et *Tournois.*

ABEL, jeune fils d'Adam et d'Eve. M. *Bassin.*
THIRZA, son épouse . . . . . Mlle. *Lamarre.*
Leurs deux Enfants. . . . . Mlles. *H. Franconi*
et *Tigée.*

ANAMALECH, esprit des ténèbres. M. *Ahn.*
L'Ange Exterminateur. . . . . M. *Nailles.*
Un Esprit céleste . . . . . . Mlle. *Caroline.*
Esprits infernaux . . . . . . *Les Danseurs.*

. *Personnages du Songe.*

DESCENDANS DE CAIN,

MM. *Lahaye, Férin, Justin, Guillaume, Charles, Constant, L'Espérance, Emile, Hippolyte.*
Mmes. *Fanchonette, Céleste, Adèle Dubois, Richer, Caroline, Eléonore, Emilie, Godet, Laurence.*

DESCENDANS D'ABEL,

MM. *Jacquinet, Chap', Dutheil, Amable, Victor, Massen.*
Mmes. *Jacquinet, Julie.*
Les Danseurs et les Danseuses.

CAÏN,

ou

LE PREMIER CRIME,

Pantomime en trois actes.

~~~~~~

ACTE PREMIER.

Le Théâtre représente une campagne ; le fond est occupé par une montagne ; à droite du spectateur, l'habitation d'Abel ; à gauche, en face, celle de Caïn ; deux troncs d'arbres, servant d'autels, sont placés au bas de la montagne.

SCENE PREMIERE.

Il fait à peine jour ; Caïn sort de sa cabane : le sommeil a fui loin de lui. Il est abîmé dans la plus noire mélancolie : il jette autour de lui des regards sombres et taciturnes.

SCENE II.

Il se retourne, apperçoit ses deux fils, se trouble à leur vue, et leur demande pourquoi ils suivent ses pas avant le lever du soleil.

Pour toute réponse, ses enfans se jettent dans ses bras.

Caïn leur ordonne de saluer le jour naissant. Aussitôt ils se mettent à genoux, et font leur prière.

Caïn leur dit ensuite de partir pour les travaux : il leur donne des instrumens aratoires, leur indique le chemin qu'ils doivent prendre, en leur promettant d'aller bientôt les rejoindre. Ils partent.
~~~~~~

SCENE III.

Caïn, resté seul, semble dire :

Travailler et haïr, voilà donc mon partage !

Il regarde la cabane de son frère Abel. Ses gestes menaçans indiquent la haine qu'il lui porte.

SCENE IV.

Mehala, son épouse, survient. Caïn, en la voyant, se contient. Mehala jette sur lui des regards craintifs, et lui exprime le chagrin quelle éprouve de le voir toujours enseveli dans une profonde mélancolie et de fuir ses tendres caresses.

Cain l'écoute avec peine. Il prend sa bêche, et se dispose à s'éloigner.

Mehala l'arrête, et lui demande ses enfans. Caïn lui répond qu'il va les rejoindre au travail.

Mehala jette un soupir douloureux, et lui dit pourquoi il n'attend pas Abel pour aller aux champs.

Ce nom d'Abel rallume sa fureur. Il lui dit qu'Abel s'abandonne nonchalament au repos, tandis que lui seul supporte la fatigue des travaux.

Il repousse Mehala et part par la montagne en lançant sur la cabane d'Abel des yeux étincelans.

SCENE V.

Mehala suit tristement des yeux son époux. Sa froideur pour elle, sa haine pour son frère, la désespèrent. Elle tombe accablée sur un banc de gazon, et verse un torrent de larmes.

SCENE VI.

L'aurore ouvre les portes du jour. Abel sort de sa cabane : il adresse ses vœux au ciel, puis voulant causer une surprise agréable à sa chère Thirza, il cueille

des fleurs et des feuillages, dont il orne l'entrée de
son habitation.

Bientôt, il apperçoit sa sœur, abîmée dans sa douleur. Il court à elle, et voyant les larmes qu'elle ré-
pand, il lui en demande la cause.

Mehala, pour ne point l'affliger, lui en dissimule le
véritable motif.

Mais Abel la devine facilement; il veut courir à
l'habitation de Caïn : Mehala l'arrête, et lui dit que
son époux est déjà parti au travail.

Abel exprime le regret de ne pas l'avoir embrassé
avant son départ.

SCÈNE VII.

Thirza paraît : mais elle se trouve arrêtée par les
guirlandes que son bien aimé a placées devant la porte.
Elle les écarte : mais une couronne de fleurs reste
sur sa tête.

Elle apperçoit Abel, et court se jetter dans ses bras.
Mehala contemple l'amour mutuel des deux époux,
bonheur dont elle ne jouit point avec Caïn.

Abel montre à Thirza l'épouse de son frère ;
Thirza court à elle, et lui prodigue les plus douces
caresses.

Abel va chercher ses enfans, il les amène auprès
de Mehala, qui les presse contre son cœur.

SCENE VIII.

Adam et Eve arrivent; leurs enfans se précipitent
dans leurs bras.

Adam, après avoir répondu à leurs caresses, demande à Mehala pourquoi il ne voit pas son époux et
ses enfans.

Mehala, d'un air embarassé, lui répond qu'ils
sont partis pour le travail.

Adam paraît mécontent de cette promptitude; il

presse contre son cœur Méhala, Abel et son Épouse, pendant qu'Eve caresse les petits enfans.

TABLEAU.

SCENE IX.

A cet instant même, Caïn revient des champs, avec ses fils, il apperçoit Abel dans les bras de son père; cette vue allume sa colère, il menace Abel pour la préférence qu'il obtient sur lui dans le cœur de son père.

Adam l'apperçoit et lui tend envain les bras; Caïn continue ses menaces. Toute la famille cherche à le calmer; sa jalousie contre Abel l'emporte: il lance un regard furieux sur son frère, et fuit, malgré les prières de ses enfans, qu'il repousse avec violence.

Tous restent anéantis.

SCENE X.

Abel est inconsolable. La malheureuse Méhala est au comble du désespoir.

Adam regarde le ciel, que Caïn vient d'offenser par ses imprécations, il est prêt à le rejeter pour toujours de son sein, lorsque les enfans de Caïn se jettent à ses pieds, ainsi que Méhala, pour implorer le pardon de Caïn.

Adam les relève avec bonté, les embrasse, et ne veut pas que la faute de leur père retombe sur leurs têtes innocentes.

Adam ordonne une prière pour appaiser le ciel. Tous se prosternent. Adam bénit ses enfans.

(*Tableau.*)

Après la prière, Adam invite Abel à aller à ses travaux.

Méhala dit à ses fils de tâcher de retrouver leur père, pendant qu'Abel se dispose à partir avec son troupeau.

SCÈNE XI.

On le voit bientôt sur la montagne Abel , conduisant son troupeau, envoie des baisers à sa chère Thirza, pendant qu'Adam et Eve s'éloignent d'un autre côté.

Thirza emmène sa sœur dans sa cabane.

SCENE XII.

Caïn reparaît sur la montagne. Sa rage est à son comble ; il regarde avec égarement l'habitation d'Abel, que dans sa fureur il veut abattre.

SCÈNE XIII.

Adam qui a suivi l'action de son fils, se montre tout à coup.

A sa vue Caïn recule avec effroi.

Adam semble lui dire :

Tu lis dans mes yeux le reproche que tu mérites... C'est la douleur amère dont tu abreuves l'âme de ton père, qui me conduit près de toi.

CAÏN.

Et non pas l'amour... Ce sentiment et réservé pour Abel.

ADAM.

Si tu nous aimais, ton soin le plus tendre serait d'essuyer nos larmes. Si tu conserves encore du respect pour le Tout-Puissant, ne nourris pas plus long-tems cette sombre humeur , cette haine invétérée contre un frère qui t'aime.

CAÏN.

Serai-je donc sans cesse persécuté par ces affreux reproches ?... Oui , je hais mon frère... Laissez-moi fuir.

Adam l'arrête , et cherche à calmer sa raison égarée. Caïn s'irrite davantage, il s'arrache de ses bras et s'éloigne. Des larmes coulent des yeux du malheureux Adam , qui regarde le ciel en gémissant, et tombe accablé sur un roc.

Caïn qui s'est arrêté , regarde son père ; en voyant

la douleur dans laquelle il est plongé. Où *m'emporte mon aveugle rage?* semble-t-il dire, malheureux que je suis!... Il court se jeter aux pieds de son père, et implore son pardon.

Adam le repousse et veut s'éloigner. Caïn se traîne sur ses pas.

Adam ne résiste point aux marques de son repentir, qu'il croit sincère : *lève-toi, mon fils, que je t'embrasse*, et il le serre affectueusement sur sa poitrine.

Mais ce n'est pas tout, Adam exige que Caïn jure, à la face du Créateur, que sa haine contre Abel est anéantie. Caïn fait le serment que son père exige.

SCENE XIV.

A l'instant toute la famille paraît.

Abel vole, les bras ouverts, au-devant de Caïn, qui reçoit ses caresses, mais toujours avec froideur.

Adam satisfait veut que l'on offre un sacrifice à Dieu, à la bonté duquel il doit la reconciliation de de ses fils.

Caïn et Abel vont chercher leurs offrandes. Abel apporte un agneau blanc comme la neige, qu'il a choisi dans son troupeau ; Caïn tient une gerbe de blé, fruit de son travail.

Adam invoque le ciel pour ses enfans ; *prière générale.*

Caïn, toujours l'air sombre se place à côté de son autel ; Abel à côté du sien.

Leurs femmes et leurs enfans sont auprès d'eux.

Abel dépose son agneau sur son autel.

Le tonnerre gronde. *Etonnement général.*

Caïn, qui croit que l'offrande de son frère est repoussée par le ciel, en témoigne sa joie.

Aussitôt un ange s'élève derrière l'autel d'Abel, et emporte son offrande : son autel reste allumé.

Caïn est furieux, il vomit des blasphêmes. Toute la famille le calme, et l'engage à retourner à son autel.

Le tonnerre se fait entendre de nouveau avec un fracas épouvantable. La foudre tombe sur l'autel de Caïn, le renverse et consume son offrande.

Tout le monde recule épouvantè. Abel seul reste paisiblement debout à côté de son autel.

Caïn ne se possède plus, on s'empresse autour de lui ; il n'écoute plus rien. Abel lui-même veut l'appaiser : Caïn le regarde avec deux yeux étincelans de rage, le repousse avec violence, ainsi que son père, sa femme et ses fils, et après avoir, dit d'une voix frayante : *Je suis Caïn*, il fuit précipitamment. Méhala et ses enfans s'attachent à ses pas.

Tableau général.

Fin du premier Acte.

ACTE II.

Le Théâtre représente un site aride et sauvage.

SCENE PREMIERE.

Caïn paraît. Ses yeux sont hagards; l'idée de son autel foudroyé le poursuit encore. Il paraît occupé de sinistres projets. Il cherche les lieux retirés, pour cacher sa honte et son désespoir. Ses forces lui manquent : il tombe sur un rocher.

SCENE II.

Sa femme a suivi ses pas; elle est pâle, échevelée. Elle apperçoit Caïn; mais elle n'ose l'aborder, et le regarde avec douleur. Cependant l'état dans lequel elle le voit, lui fait braver la crainte : elle le presse contre son cœur.

Caïn sortant de son abattement, la regarde avec stupeur, et semble lui dire : *Pourquoi t'attacher à mes pas? Fuis un réprouvé du ciel.* Méhala cherche à le calmer par ses caresses; Caïn la repousse et veut fuir.

SCENE III.

Au même instant, ses deux enfans paraissent, et le serrent dans leurs bras. Leur présence l'embarrasse : c'est en vain que Méhala se joint à ses enfans; Caïn s'en aigrit davantage: Les prières de sa femme et de ses enfans sont un supplice pour lui; il ordonne à Méhala d'emmener ses fils, et de ne pas l'importuner davantage. La malheureuse épouse, le cœur déchiré, s'appuie sur ses deux enfans, et se retire en priant le ciel de jeter sur son époux un regard de pitié.

SCENE IV.

Resté seul, Caïn se replonge dans ses noires pensées, lutte encore entre la tendresse et la vengeance. Bientôt, épuisé par la fatigue, il retombe sur le rocher. Le sommeil ne tarde pas à fermer ses paupières appesanties.

SCENE V.

Depuis long-tems un esprit des ténèbres, que l'enfer appelait Anamalech, observait les démarches de Caïn.

Ce démon subalterne n'entendait qu'avec peine les louanges que l'on prodiguait à son Roi; qui, revenu du globe terrestre, racontait orgueilleusement comment il avait séduit les premiers humains.

Bientôt le noir venin de l'envie eufla dans le sein d'Anamalech. *La gloire et les honneurs ne sont donc faits que pour lui ? Et moi, je languirai obscurément dans le fond des enfers ; parmi la vile populace des démons !.. Non, je me sens capable d'actions, dont l'enfer même sera étonné. Je veux que Satan, oui Satan lui-même ne prononce mon nom qu'avec respect. Je vais monter sur la terre ; je veux voir ce que c'est que cette menace faite à l'homme :* Tu mourras.

Aussitôt il passe la porte de l'enfer. Il suit le sentier que Satan avait tracé.

Bientôt il apperçoit Caïn étendu sur le rocher ; il s'approche, et dit :

Un profond sommeil s'est emparé de ses sens. Pour arriver à mon but, je vais troubler son âme par des objets fantastiques. Venez, songes, secondez-moi ; rassemblez toutes les images, qui pourront faire naître dans le cœur de Caïn la fureur et l'égarement. Qu'Abel enfin soit ma première victime.

Après ces mots, il étend sa main infernale ; aussitôt...

SONGE.

Première action.

Une inscription paraît avec ces mots, tracés en lettres de feu :

POSTÉRITÉ DE CAÏN.

On voit dans le fond une vaste campagne, hérissée de rochers couverts de frimats et de neige. Çà et là quelques pauvres chaumières.

Les descendans de Caïn sont occupés aux travaux les plus durs ; ils veulent extirper des ronces, leurs mains sont ensanglantées. D'autres, traînant une charrue, tombent de lassitude et d'épuisement. Les uns se traînent à une fontaine pour se désaltérer, l'eau devient bourbeuse. D'autres fuient devant des bêtes féroces qui les poursuivent : leurs femmes, leurs enfans sont expirans de faim. Tout présente l'image de la plus affreuse misère.

C'est par ces horribles tableaux qu'Anamalech cherche à porter la terreur dans l'imagination de Caïn. En effet celui-ci exprime, par des mouvemens convulsifs, tout le mal qu'il éprouve.

Anamalech, pour l'augmenter encore, donne un second signal.

Deuxième Action.

Une autre inscription paraît avec ces mots :

POSTÉRITÉ D'ABEL.

On aperçoit une plaine émaillée de fleurs, des bois de citroniers, à l'ombre desquels des bergers exécutent des danse légères, pendant que les bergères tirent de leurs lyres des sons harmonieux.

Un temple magnifique s'élève au milieu d'une riche vallée.

Tous se réunissent, et vont présenter leurs offrandes à la divinités qu'on y révère. Après les offrandes, les uns savourent des fruits délicieux ; d'autres se désaltèrent dans les flots argentés qui jaillissent des limpides fontaines. Tous enfin se livrent aux plaisirs que procurent l'abondance et le bonheur.

Bientôt quelques chasseurs bergers surviennent. L'un d'eux demande à être entendu. On se rassemble autour de lui : il s'exprime en ces terme.

Enfans d'Abel, la nature, il est vrai, nous sourit ; tous ses charmes embellissent notre existence. Mais elle n'en exige pas moins des soins pénibles, des travaux trop durs pour nos mains, habituées à tirer des sons harmonieux de nos lyres sonores.

Voici ce que m'a inspiré un esprit céleste. Lorsque la nuit aura répandu sur la terre ses sombres voiles, marchons vers ces campagnes voisines, peuplées de laboureurs, enfans de Caïn.

Harrassés des travaux du jour, ils seront ensevelis dans un profond sommeil.

C'est le moment de les surprendre, de les enchaîner, de les emmener prisonniers dans nos demeures. Là, nous les forcerons à supporter seuls les travaux nécessaires à la fertilité de nos campagnes. Leurs femmes, leurs enfans, serviront les nôtres.

Aussitôt les bergers s'arment de flambeaux, de javelots, et partent.

On revoit la contrée malheureuse où gémissent les enfans de Caïn. Les uns sont étendus sur des rochers, d'autres sur la terre humide.

La nuit est profonde. Les fils d'Abel arrivent : ils mettent le feu aux chaumières, toute défense est inutile. Les fils de Caïn, leurs femmes et leurs enfans sont enchaînés, et marchent devant la posterité d'Abel, comme un troupeau timide.

SCENE VI.

Caïn se reveille hors de lui : il se précipite du côté

où le songe l'a frappé : mais Anamalech a tout fait disparaître.

Il parcourt la scène d'un air égaré. Cette vision a augmenté sa haine contre Abel. Il jure de ne pas l'épargner, s'il le rencontre, et pour hâter sa vengeance, il prend le chemin des habitations.

SCENE VII.

Anamalech reparaît. Une joie barbare étincelle dans ses yeux ardens. mais son triomphe n'est pas encore complet. Il poursuit sa victime, en s'attachant aux pas du malheureux Caïn.

Fin du second Acte.

ACTE III.

Le Théâtre représente une sombre forêt.

SCENE PREMIÈRE.

Caïn, toujours poussé par le démon, paraît dans le plus grand désordre. Il faut qu'il trouve Abel : il veut suivre sa course ; la fatigue l'accable, il tombe sur la terre.

SCENE II.

Anamalech, qui a suivi ses pas, veut être témoin du meurtre d'Abel. Sa mort est trop lente au gré de son impatience. Il regarde Caïn avec un sourire féroce.

Au même instant, il entend le chant du berger. Il regarde : c'est Abel, qui, inquiet de l'absence de son frère, le cherche en tous lieux.

Anamalech se réjouit d'une circonstance qui va hâter son triomphe. Par son art diabolique, il attire la victime, et se cache pour être témoin du plus épouvantable des crimes.

SCENE III.

Abel arrive ; son émotion est visible. Où peut être son frère ?... il l'apperçoit étendu sur la terre. Il s'approche ; et jetant sur lui un regard d'affection, il semble lui dire, (car il le croit endormi.)

Mon frère, puisses-tu bientôt te réveiller, pour que mon cœur t'exprime tout l'amour qu'il te porte... Mais comme le voilà pâle et défait !.. La fureur est empreinte sur son front !

Après ces mots, il le fixe encore avec plus d'attention ; et craignant que quelque songe pénible ne le tourmente, il s'approche et le touche.

Tel qu'un lion redoutable, endormi au pied d'un rocher, Caïn se lève. Mais quelle est sa rage en voyant l'auteur de ses tourmens!.. il le repousse avec violence.

Abel regarde son frère avec douceur, et semble lui dire : *Pourquoi me repousses-tu de ton sein?*

CAÏN, *se rappelant le songe.*

Te voilà donc, beau favori du ciel; toi; dont la race de vipère sera un jour seule heureuse dans le monde !

ABEL.

Mon frère, quel est ton égarement!.. Je t'en conjure, calme-toi.

Caïn le repousse de nouveau; et par un geste terrible, semble lui dire : *Va-t-en.* Il veut fuir; Abel se traîne à ses pieds. Caïn s'arrêtent, s'écrie : *Ah! serpent, tu veux m'entortiller!* Alors, au comble du délire, et poussé par le génie infernal, il arrache une branche d'arbre, et en frappe son malheureux frère, qui tombe expirant à ses pieds.

A la vue de son crime, Caïn reste anéanti; une sueur froide coule de ses membres tremblans.

Abel mourant lui tend encore les bras. Caïn se précipite sur son corps... Abel rend la dernier soupir.

Caïn recule avec effroi... *Malheureux que je suis!* Il regarde la branche encore teinte du sang de son frère, et la jette loin de lui... *O mort, te voilà donc!. Jamais de pardon pour mon crime!.. Où fuir?.* Ses genoux chancellent; il tombe la face contre terre. La foudre gronde.

SCENE IV.

Anamalech, témoin de cet horrible forfait, jouit du double spectacle de la mort d'Abel et du désespoir de Caïn. Aussitôt il retourne aux enfers, vanter sa victoire, et chercher ses compagnons, pour les rendre témoins de son triomphe.

SCENE V.

Un bruit surnaturel se fait entendre. La terre
semble s'entr'ouvrir; d'épais nuages obscurcissent la
forêt.

Caïn revient à lui, au milieu de ce désordre de la
nature.

L'ange exterminateur paraît dans un nuage de feu.
Sa main droite est armée d'une épée flamboyante. Son
regard sévère annonce l'envoyé d'un Dieu menaçant.

A sa vue, Caïn veut fuir; l'ange en étendant la
main :

Arrête, écoute et tremble !.. Qu'as-tu fait ?.. Le dernier soupir
d'Abel est monté jusqu'au trône de l'Eternel... Tu es à jamais maudit
sur cette terre, qui s'est ouverte, et a bu le sang de ton frère, versé
par tes mains.... En vain tu la cultiveras, elle sera toujours stérile
pour toi, et tu y seras éternellement fugitif et vagabond.

Caïn muet et immobile, entend ces terribles pa-
roles, et tombe comme frappé de la foudre. Des
flammes l'entourent.

L'ange et les nuages disparaissent avec un fracas
épouvantable, et au milieu du tonnerre.

Anamalech reparaît avec les siens. Ils entourent le
corps d'Abel; et pleins d'une orgueilleuse allégresse,
ils témoignent, par des danses furibondes, leur respect
et leur soumission à Anamalech, digne, par ce brillant
exploit, de devenir un de leurs chefs.

Aussitôt ils se renfoncent dans les abîmes de l'enfer.

Caïn revient à lui. Il ne sait si ce qu'il vient de
voir et d'entendre n'est pas un nouveau songe.

Mais en appercevant le corps d'Abel, privé de sentiment, il ne voit que trop qu'il a mérité la malédiction du ciel. Dans son désordre, il veut quitter les
lieux qui lui rappellent son forfait.

Caïn.

C

En ce moment, Méhala, son épouse, arrive. Les traits décomposés de son époux l'épouvantent : elle soupçonne quelque nouveau malheur. Caïn, au comble du délire, la traîne auprès d'Abel.

Méhala le regarde, et ne sait ce que cela signifie. Elle le croit endormi, l'appelle; mais appercevant le sang qui coule sur sa figure, elle recule épouvantée.

Elle court à son époux, et lui demande pourquoi Abel ne répond pas à sa voix.

C'est en vain, lui dit Caïn, d'un air sombre, *que tu veux le réveiller; il dort d'un sommeil éternel.*

Caïn, pour éviter ses reproches, veut s'éloigner. Méhala l'arrête.

Au même instant, elle apperçoit toute la famille. Caïn se voit forcé de rester. Il cache son visage dans ses mains, tandis que Méhala tâche de couvrir de son corps celui d'Abel.

Adam paraît suivi de Eve, de Thirza et des enfans. Il apperçoit Caïn; un pressentiment funeste le frappe.

Tous lui demandent où est Abel; Caïn reste muet. On insiste : alors, comme emporté par un mouvement infernal, Caïn leur montre le cadavre d'Abel en criant : *C'est moi qui l'ai tué.*

TABLEAU DE STUPEUR.

C'est en vain que Thirza et Eve appellent Abel. Adam cherche à les éloigner... *Fuyez, fuyez, le malheureux n'est plus!..*

A ces mots, Thirza tombe sur la terre; Eve se précipite dans les bras de son époux.

Adam, dans son désespoir, s'approche de Caïn, et lui lance sa malédiction.

Celui-ci, écrasé de ce dernier coup, vomit des imprécations contre ceux qui lui ont donné l'existence, et fuit comme un forcené, poursuivi par la justice divine.

(*Imité du Tableau de Prudhon.*)

Méhala et ses enfans s'attachent à ses pas.

Le reste de la famille est dans la plus affreuse douleur.

Aussitôt un nuage couvre le corps d'Abel; un ange consolateur est au milieu, et prononce ces mots :

Calmez vos douleurs, enfans du ciel: Abel est avec les anges. Pleurez-le, mes bien-aimés; mais sachez modérer votre affliction. Vous ne serez séparés de lui que peu de tems. Bientôt la mort que Caïn, votre fils maudit, a fait sortir du fond des enfers, viendra vous frapper à votre tour.

Adam, que ta postérité apprenne à connaître la récompense que le ciel accorde aux bons, et la punition qu'il réserve aux méchans.

APOTHÉOSE.

Aussitôt le fond s'ouvre. On voit Abel qui s'enlève au ciel, au milieu des anges, qui l'accompagnent aux sons de leurs lyres célestes.

Caïn, au dessous, au milieu des rochers, reçoit encore des consolations de sa femme et de ses enfans. Ses yeux repentans invoquent la bonté divine.

En avant du tableau, Adam, Eve, l'infortunée Thirza et ses enfans, sont à genoux, et se résignent, en gémissant, aux décrets de l'Eternel.

FIN.

www.ingramcontent.com/pod-product-compliance
Lightning Source LLC
LaVergne TN
LVHW012157170726
843503LV00009B/4240